Es schneit, es schneit, es schneit! – Ein Schnee-und-Winter-Lieder-Buch
Viele neue Schnee-Lieder für Winter und Fasching

Gesammelt und herausgegeben von Stephen Janetzko

Copyright © 2014 Verlag Stephen Janetzko, Erlangen
www.kinderliederhits.de
Alle Lieder verlegt bei Edition SEEBÄR- Musik Stephen Janetzko, Erlangen.
Online-Shop im Internet unter www.kinderlieder-shop.de
Coverillus: Stephen Janetzko und dessen Lizenzgeber - finale Covergrafik: Marco Breitenstein
Notensatz, grafische Vorbereitung und Idee: Stephen Janetzko
All rights reserved.

ISBN-10: 3957220769

ISBN-13: 978-3-95722-076-9

Inhaltsverzeichnis

Lied:	**Seite:**
Es schneit, es schneit, es schneit!	5
Schnee, Schnee, Schnee (Schneemann-Lied und -Tanz)	6
Im Winter, im Winter *(Schneeversion)*	8
Jetzt ist Schneemannzeit (Schneemann-Lied)	9
Tip tap tiddel diddel dap, ich laufe durch den Schnee *(Schneeversion)*	10
Wir gehen durch das tiefe Eis (Aufwärmlied)	11
Wenn es schneit *(Schneeversion)*	12
Winterzeit im Kindergarten *(Schneeversion)*	13
Der Winter kommt	14
Es schneit, ihr Leut!	15
Juchhe, der erste Schnee	16
Der Maler Winter (Der Winter als Maler)	17
Helau, Helau, wir feiern jetzt Karneval!	18
Hei, wir feiern Fasching	19

Vorwort

Dies ist das Liederbuch zur gleichnamigen Schnee-und-Winter-Lieder-CD von und mit Stephen Janetzko für alle Kindergruppen, große und kleine Sänger in Kindergarten und Schule und natürlich auch für Zuhause!
Natürlich ist das Buch auch ohne die CD nutzbar.
Dieses Liederbuch enthält von „Es schneit, es schneit, es schneit!" über
„Schnee, Schnee, Schnee" bis hin zu „Helau, Helau, wir feiern jetzt Karneval!"
insgesamt 14 neue Schnee-Lieder für die Winterzeit bis zu Fasching - Fastnacht - Karneval am Rosenmontag und darüber hinaus.

Die Lieder sind in genau dieser Zusammenstellung separat als CD erhältlich.

Viel Freude beim Singen und Musizieren!

Stephen Janetzko

Es schneit, es schneit, es schneit

Text und Musik: Stephen Janetzko; CD "Es schneit, es schneit, es schneit"
© Edition SEEBÄR-Musik Stephen Janetzko, www.kinderliederhits.de

Refrain: Es schneit, es schneit, es schneit...

2. Schau mal aus dem Fenster:
Schnee fiel über Nacht.
Heut kannst du dich freuen
auf die Schneeballschlacht!

Refrain: Es schneit, es schneit, es schneit...

3. Fliegen erst die Kugeln,
rolln den Schnee wir auf.
Und dem Riesen-Schneemann
setz die Mütze auf!

Refrain: Es schneit, es schneit, es schneit...

4. Ab geht's in die Berge,
Ski und Snowboard fahrn.
Sport ist jetzt das Größte -
"hey, geh aus der Bahn!"

Refrain: Es schneit, es schneit, es schneit...

Schnee, Schnee, Schnee
- Schneemann-Lied und Tanz -

Text und Musik: Stephen Janetzko; CD "Es schneit, es schneit, es schneit"
© Edition SEEBÄR-Musik Stephen Janetzko, www.kinderliederhits.de

Refrain: Schnee, Schnee, Schnee ...

2. Schneemann, Schneemann, 1- 2 - 3,
geh doch nicht so schnell vorbei!
Schenk mir einen Tanz, schenk mir einen Tanz,
und bleib ein bisschen hier,
und bleib ein bisschen hier.

Refrain: Schnee, Schnee, Schnee ...

3. Schneemann, Schneemann, 1- 2 - 3,
geh doch nicht so schnell vorbei!
Wir wolln bei dir sein, wir wolln bei dir sein,
drum bleib ein bisschen hier,
drum bleib ein bisschen hier.

Refrain: Schnee, Schnee, Schnee ...

4. Schneemann, Schneemann, 1- 2 - 3,
geh doch nicht so schnell vorbei!
Winter ist so kurz, Winter ist so kurz,
drum bleib ein bisschen hier,
drum bleib ein bisschen hier.

Refrain: Schnee, Schnee, Schnee ...

5. Schneemann, Schneemann, 1- 2 - 3,
geh doch nicht so schnell vorbei!
Du willst doch nicht fort, du willst doch nicht fort!
Komm, bleib ein bisschen hier,
komm, bleib ein bisschen hier.

Refrain: Schnee, Schnee, Schnee ...

Im Winter, im Winter

Text und Musik: Stephen Janetzko; CD "Es schneit, es schneit, es schneit"
© Edition SEEBÄR-Musik Stephen Janetzko, www.kinderliederhits.de

1. Im Winter, im Winter, im Winter, oh ja, da fallen die Flocken vom Himmel, na klar.

(mit den Fingern Flocken von oben nach unten „rieseln" lassen)

2. Im Winter, im Winter, im Winter, oh ja,
da tragen wir Stiefel und Mütze, na klar.
(Stiefel und Mütze anziehen)

3. Im Winter, im Winter, im Winter, oh ja,
da ist es gemütlich zu Hause, na klar.
(selbst „umarmen": Hände mit überkreuzten Armen an die Schulter)

4. Im Winter, im Winter, im Winter, oh ja,
da fahren wir Ski in den Bergen, na klar.
(„wedeln": Skifahren imitieren)

5. Im Winter, im Winter, im Winter, oh ja,
da essen wir gern warme Suppe, na klar.
(Suppe löffeln)

6. Im Winter, im Winter, im Winter, oh ja,
da machen die Igel ein Schläfchen, na klar.
(schlafen imitieren)

Spielanregung:
„Im Winter, im Winter" ist ein einfaches Spiellied, das auch kleinere Kinder schon gut mitmachen können. Jede Textstrophe wird doppelt gesungen, dabei folgen wir einfach den Anweisungen, die unter den Strophen stehen.

Jetzt ist Schneemannzeit!
- Schneemann-Lied -

Text: Constanze Grüger/Stephen Janetzko/Susanne Weyhe; Musik: Stephen Janetzko; CD "Es schneit, es schneit, es schneit"; © Edition SEEBÄR-Musik Stephen Janetzko, www.kinderliederhits.de

Refrain: Schneeflocken fallen ...

2. Drum Kinder, rollt jetzt einen dicken Bauch,
auch Knöpfe kommen dran, oh ja, die braucht er auch,
auch Knöpfe kommen dran, oh ja, die braucht er auch!

Refrain: Schneeflocken fallen ...

3. Ein großer Kopf, der steht dem Schneemann gut,
und obendrauf genau, da sitzt der schwarze Hut,
und obendrauf genau, da sitzt der schwarze Hut.

Refrain: Schneeflocken fallen ...

4. Auch Arme müssen an den Schneemann dran,
dass er von früh bis spät den Besen halten kann,
dass er von früh bis spät den Besen halten kann.

Refrain: Schneeflocken fallen ...

5. Aus Steinen formt ihr Augen und den Mund,
Karotte an die Nase, hey, das ist gesund!
Karotte an die Nase, hey, das ist gesund!

Refrain: Schneeflocken fallen ...

Tip, tap
(tiddel diddel dap, ich laufe durch den Schnee)

Text und Musik: Stephen Janetzko; CD "Es schneit, es schneit, es schneit"
© Edition SEEBÄR-Musik Stephen Janetzko, www.kinderliederhits.de

Refrain: Tip, tap, tiddel diddel dap ...

2. Kahle Bäume, kahle Äste, dort im Haus bekommt man Gäste.

Refrain: Tip, tap, tiddel diddel dap ...

3. Dicke Stiefel, Pudelmützen, Vögel, die gen Süden flitzen.

Refrain: Tip, tap, tiddel diddel dap ...

4. Durch den Schnee, wo Spuren führen, schauen wir nach ein paar Tieren.

Refrain: Tip, tap, tiddel diddel dap ...

5. Schlittschuhlaufen auf den Seen! Kommst du mit? Dann lass uns gehen!

Refrain: Tip, tap, tiddel diddel dap ...

Wir gehen durch das tiefe Eis
- Aufwärmlied -

Text: Constanze Grüger mit Stephen Janetzko; Musik: Stephen Janetzko; CD "Es schneit, es schneit, es schneit"; © Edition SEEBÄR-Musik Stephen Janetzko, www.kinderliederhits.de

Refrain: Wir gehen durch das tiefe Eis ...

2. Wir klatschen in die Hände, klatsch, klatsch, klatsch.
Wir stampfen mit den Füßen, stampf, stampf, stampf.
Wir stampfen mit den Füßen, ja, so wird´s uns warm!

Refrain: Wir gehen durch das tiefe Eis ...

3. Wir klatschen in die Hände, klatsch, klatsch, klatsch.
Wir stampfen mit den Füßen, stampf, stampf, stampf.
Wir hüpfen mit den Beinen, hüpf, hüpf, hüpf.
Wir hüpfen mit den Beinen, ja, so wird´s uns warm.

Refrain: Wir gehen durch das tiefe Eis ...

4. Wir klatschen in die Hände, klatsch, klatsch, klatsch.
Wir stampfen mit den Füßen, stampf, stampf, stampf.
Wir hüpfen mit den Beinen, hüpf, hüpf, hüpf.
Wir strecken unsre Arme, streck, streck, streck.
Wir strecken unsre Arme, ja, so wird´s uns warm.

Abschlussrefrain:
Wir gehen durch das tiefe Eis, der Schnee, der glitzert ja so weiß.
So langsam ist´s uns ganz schön heiß, fühlt auf der Stirn mal euren Schweiß.

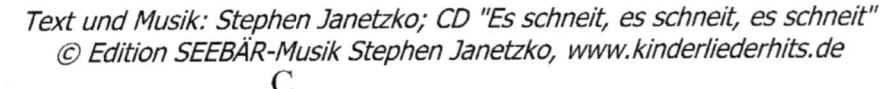

Refrain: Wenn es schneit ...

2. Draußen stürmt und hagelt es, drinnen ist es warm.
Hol ich mein Geschwisterchen, nehm es in den Arm.

Refrain: Wenn es schneit ...

3. Komm zu mir, ich lad dich ein und wir trinken Tee.
Und danach, da gehen wir wieder in den Schnee.

Refrain: Wenn es schneit ...

Winterzeit im Kindergarten

Text und Musik: Stephen Janetzko; CD "Es schneit, es schneit, es schneit"
© Edition SEEBÄR-Musik Stephen Janetzko, www.kinderliederhits.de

Refrain: Winterzeit im Kindergarten – jeder kann es sehn, Winterzeit im Kindergarten – ist so wunderschön. Winterzeit im Kindergarten – jeder kann es sehn, Winterzeit im Kindergarten – ist so wunderschön.

1. Alle haben schon gewartet auf die Winterzeit.
Im Dezember ist es dann so weit.
Sind die Tage wieder kurz, und ist es draußen kalt,
dann gehn viele Tiere schlafen in dem Winterwald.

Refrain: Winterzeit im Kindergarten ...

2. Und Frau Holle schüttelt kräftig ihre Betten aus –
jede Menge Schnee soll fallen überall ums Haus.
Januar und Februar, der Winter geht bis März.
Bis das schöne Frühjahr kommt, da schaun wir himmelwärts.

Refrain: Winterzeit im Kindergarten ...

Der Winter kommt

Text und Musik: Stephen Janetzko; CD "Es schneit, es schneit, es schneit"
© Edition SEEBÄR-Musik Stephen Janetzko, www.kinderliederhits.de

1. Wenn ich aus dem Fenster schau, es ist kaum zu glauben.
Schnee fällt, Schnee fällt überall, da vor meinen Augen.
Meine Freunde spielen schon, rutschen über's Eis.
Und mich hält es auch nicht hier, das ist der Beweis.

Refrain: Der Winter kommt, (der Winter kommt,) kommt raus aus seiner Gruft. Ja, der Winter kommt, (der Winter kommt!) Ich spring vor Freude dreimal in die Luft! (1, 2, 3!)

Zw.-Teil: Lange hab'n wir drauf gewartet, endlich ist er da!
Hoffentlich bleibt alles weiß - das wär wunderbar!

2. Wenn ich jetzt nach draußen geh, huh, dann ist es richtig kalt.
Dann will ich spazieren gehn durch den weißen Winterwald
Ich will einen Schneemann baun und will Schlitten fahrn.
Und der Himmel, der soll nicht mit seinen Flocken spar'n

Refrain: Der Winter kommt ...
Zwischenteil: Lange hab`n wir drauf gewartet, endlich ist er da!
Hoffentlich bleibt alles weiß - das wär wunderbar!
Refrain: Der Winter kommt ...

3. Schneeballschlacht und Keilerei - dir werd ich es zeigen!
Drinnen gibt es heißen Tee, so könnt`s immer bleiben
Ach, ist das nicht wunderbar, Winter mag ich sehr.
Schnee liegt, Schnee liegt überall, still steht der Verkehr!

Refrain: Der Winter kommt ...

Es schneit, ihr Leut!

Text: Rolf Krenzer; Musik: Stephen Janetzko; CD "Es schneit, es schneit, es schneit"
© Edition SEEBÄR-Musik Stephen Janetzko, www.kinderliederhits.de

Refrain: Es schneit, ihr Leut! Es schneit, ihr Leut! Es war auch höchste Zeit! Die Erde trägt ein weißes Kleid, und so beginnt die Winterzeit, und so beginnt die Winterzeit! Es schneit, ihr Leut! Drum freut euch heut, weil's endlich wieder schneit, weil's endlich wieder schneit!

1. Es schneit ganz dicke Flocken, und schaue ich hinaus, da ist die Welt voll Puderzucker bis zu uns nach Haus, da ist die Welt voll Puderzucker bis zu uns nach Haus.

Refrain: Es schneit, ihr Leut ...

2. Da weck´ ich meine Schwester. Sie ist noch ziemlich klein.
"Auf, zieh dich an und fahre mit mir in den Schnee hinein,
auf, zieh dich an und fahre mit mir in den Schnee hinein."

Refrain: Es schneit, ihr Leut ...

3. Wir essen schnell ein Brötchen mit Butter und Gelee.
Dann hole ich den Schlitten raus und auf geht`s in den Schnee.
Dann hole ich den Schlitten raus und auf geht`s in den Schnee.

Refrain: Es schneit, ihr Leut ...

4. Ich setz´ sie auf den Schlitten, und sie schreit: "Pferdchen, zieh!"
Ich zieh den Schlitten durch den Schnee, und es ist schön wie nie!
Ich zieh den Schlitten durch den Schnee, und es ist schön wie nie!

Refrain: Es schneit, ihr Leut ...

Juchhe, der erste Schnee

Text und Musik: Stephen Janetzko; CD "Es schneit, es schneit, es schneit"
© Edition SEEBÄR-Musik Stephen Janetzko, www.kinderliederhits.de

2. Juchhe, der erste Schnee fällt auf mein Haar!
Juchhe, und es ist einfach wunderbar!
Es ist so schön, dass ich`s mit Worten kaum beschreiben kann!
Für mich, da fängt der Winter mit der ersten Flocke an!

Zwischenteil:
Endlich wird die Welt versteckt, überall mit Weiß bedeckt
Endlich kann ich wieder einen Schneemann bau`n!

3. Juchhe, der erste Schnee liegt in der Luft!
Juchhe, wir sind schon ganz schön ausgebufft!
Wir kugeln durch die weiße Pracht und haben unsern Spaß
Denn später sind die Wiesen grün und die Klamotten nass!

4. *(gepfiffen)*

Der Maler Winter

Refrain: Freut euch, ihr lieben Kinder ...

2. Er malt in weiter Runde mit Ausdauer und Fleiß
und schon nach einer Stunde ist ringsum alles weiß,
und schon nach einer Stunde ist ringsum alles weiß.

Refrain: Freut euch, ihr lieben Kinder ...

3. Die Tannen sind beladen mit herrlich frischem Schnee,
das Bild, so wohlgeraten, sieht schöner aus als je,
das Bild, so wohlgeraten, sieht schöner aus als je.

Refrain: Freut euch, ihr lieben Kinder ...

4. Kein einzig Dach er meidet, wo er sich nicht drauf setzt,
und auch die Menschen kleidet er so wie sich zuletzt,
und auch die Menschen kleidet er so wie sich zuletzt.

Refrain: Freut euch, ihr lieben Kinder ...

5. Mein lieber Maler Winter, lass deinen schönen Schnee
noch lange bei uns liegen, sag uns noch nicht ade,
noch lange bei uns liegen, sag uns noch nicht ade.

Refrain: Freut euch, ihr lieben Kinder ...

Helau, Helau, wir feiern jetzt Karneval!

Text: Constanze Grüger/Stephen Janetzko/Susanne Weyhe; Musik: Stephen Janetzko; CD "Es schneit, es schneit, es schneit"; © Edition SEEBÄR-Musik Stephen Janetzko, www.kinderliederhits.de

Refrain: Helau, Helau, wir feiern jetzt Karneval ...

2. Alle, alle nun herbei,
und der Clown, der ist jetzt an der Reih`!
Lach und zapple mit dem Bauch,
lach und zapple, das ist Brauch!

Refrain: Helau, Helau, wir feiern jetzt Karneval ...

3. Alle, alle nun herbei,
denn die Käfer sind jetzt an der Reih`!
Flieg und flatter durch die Welt.
Flieg und flatter, wie´s gefällt.

Refrain: Helau, Helau, wir feiern jetzt Karneval ...

4. Alle, alle nun herbei,
all die andern sind jetzt an der Reih`!
Ritter, Fee, Pirat und Maus:
Alle tanzen bunt durchs Haus.

Refrain: Helau, Helau, wir feiern jetzt Karneval ...

2. Willst du Indianer sein...

Refrain: Hei, wir feiern Fasching ...

3. Willst du Prinzessin sein...

Refrain: Hei, wir feiern Fasching ...

4. Willst ein Pirat du sein...

Refrain: Hei, wir feiern Fasching ...

5. Willst du ein Tiger sein...

Refrain: Hei, wir feiern Fasching ...

6. Beim Polonäsen-Schritt
Da geht ein jeder mit.
Häng dich nur hinten an,
wie bei der Eisenbahn!

Refrain: Hei, wir feiern Fasching ...

DIE CD ZUM BUCH

Stephen Janetzko:
CD Es schneit, es schneit, es schneit! *(garantiert weihnachtsfrei!)*
Viele neue Schnee-Lieder zum Mitsingen, Tanzen und Anhören für Winter & Fasching.

Eine Schnee-und-Winter-Lieder-CD von & mit Stephen Janetzko.

Über die CD: Die Lieder wurden extra so zusammengestellt und teils neu gemischt, dass Sie ideal für die Winter- und Schnee-Zeit nach Weihnachten sind (garantiert kerzen- und weihnachtsfrei!). Also ideal „von Neujahr bis Ende März" – und natürlich auch für winterfreudige Weihnachtsmuffel!

Ideal für Kinder & Familien zu Hause, im Auto, im Kindergarten, zum Nachsingen!.

DIE NEUAUSGABE VON 2014 ENTHÄLT EIN AUSFÜHRLICHES 16-seitiges BOOKLET MIT ALLEN TEXTEN, NOTEN UND GITARRENGRIFFEN!!!

Alterszielgruppe ca. ab 2-10 Jahre, ideal 3-6 Jahre / Spieldauer ca. 42:30 min.
Bestellnummer 91033-261 - EAN: 4032289004819
INFO & SHOP: **www.kinderliederhits.de**
© SEEBÄR-Musik (Labelcode LC 05037)

Stephen Janetzko

Mit einer 20-minütigen MC „Der Seebär" fing alles an, heute sind es weit über 600 Kinderlieder, die der gebürtige Hagener Liedermacher bereits auf über 50 CDs und in zahllosen Liedsammlungen veröffentlicht hat. Viele davon, wie „Hallo und guten Morgen", „Wir wollen uns begrüßen", „Augen Ohren Nase", „Das Lied von der Raupe Nimmersatt", „Hand in Hand" oder „In meiner Bi-Ba-Badewanne", werden heute gesungen in Kindergärten, Schulen und überall, wo Kinder sind.

www.kinderliederhits.de

Raum für eigene Notizen:

www.kinderliederhits.de

... mehr Info, mehr CDs, mehr Lieder & Noten:
www.kinderliederhits.de

Alle Rechte vorbehalten.

Dieses Werk ist urheberrechtlich geschützt. Jegliche Vervielfältigung und Verwertung ist nur mit Zustimmung der Autoren bzw. des Verlags zulässig. Das gilt insbesondere für Übersetzungen, die Einspeicherung und Verarbeitung in elektronischen Systemen sowie für das öffentliche Zugänglichmachen wie zum Beispiel über das Internet.
Ein Nachdruck oder eine Weiterverwertung ist nur mit schriftlicher Genehmigung des Verlags möglich.

© Verlag Stephen Janetzko, **www.kinderliederhits.de**

www.ingramcontent.com/pod-product-compliance
Lightning Source LLC
Chambersburg PA
CBHW081504040426
42446CB00016B/3387